26 Avril 1909

COLLECTION

DE

Madame la V^{tesse} de la ROCHE

OBJETS D'ART

ET

DE CURIOSITÉ

DE L'EXTRÊME-ORIENT

Me ANDRÉ COUTURIER
Successeur de M. Paul Chevallier
COMMISSAIRE-PRISEUR

M. ARTHUR BLOCHE
EXPERT
PRÈS LA COUR D'APPEL

CATALOGUE

DES

Porcelaines Anciennes

GRÈS, ÉMAUX CLOISONNÉS, BRONZES

PIÈCES CURIEUSES ET RARES

Beaux spécimens de flambés

Matières précieuses — Argenterie — Ivoires

PANNEAUX SCULPTÉS ET INCRUSTÉS

PEINTURES SUR SOIE ET SUR VERRE — GOUACHES

ANCIENNES TENTURES DE PAGODES ET DE PALAIS, SOIERIES, BRODERIES

De la CHINE, du JAPON et de l'INDE

Formant la Collection

De Madame la Vtesse de la ROCHE

ET DONT LA VENTE AURA LIEU

HOTEL DROUOT, SALLE N° 6

Les Lundi 26, Mardi 27,

Mercredi 28 et Jeudi 29 Avril 1909, à 2 heures

Me ANDRÉ COUTURIER	M. ARTHUR BLOCHE
Successeur de M. Léon TUAL	EXPERT
COMMISSAIRE-PRISEUR	PRÈS LA COUR D'APPEL
56, rue de la Victoire	52, rue de Châteaudun

Chez lesquels se trouve le présent Catalogue

EXPOSITION PUBLIQUE

Le Dimanche 25 Avril 1909, de 2 heures à 5 heures 1/2

CONDITIONS DE LA VENTE

Elle sera faite expressément au comptant.

Les adjudicataires paieront *dix pour cent* en sus des enchères.

L'exposition mettant le public à même de se rendre compte de l'état et de la nature des objets, aucune réclamation ne sera admise une fois l'adjudication prononcée.

Paris. — Imprimerie de l'Art, Ch. Berger, 41, rue de la Victoire.

DÉSIGNATION

ANCIENNES PORCELAINES
DE CHINE

1 — Coupe, de forme oblongue, à bords festonnés, en vieux Chine, famille rose, décor à fleurs, oiseaux et branchages. Epoque Kang-hi.

2 — Bol en vieux Chine, famille des Indes, décor à mandarins et écailles de poissons.

3 — Coupe en vieux Chine, famille des Indes, décor à personnages dans un jardin; monture en bronze doré.

4 — Vase-rouleau en vieux Chine, décor représentant des femmes et un enfant sur une terrasse, émaux de la famille verte. Époque Ming.

5 — Bol en vieux Chine, fond jaune impérial, offrant sous couverte des dragons à cinq griffes. Marque Kang-hi.

6 — Vase-balustre en vieux Chine craquelé, fond crème, décor partie en relief en émaux de couleur, représentant des figures dans un paysage et le dragon à cinq griffes quatre fois reproduit.

7 — Grande coupe ronde en vieux Chine, fond gros bleu relevé d'or, médaillons réservés, décor à paysages avec pagodes et petits personnages. Intérieur à lambrequins et fleurs. Époque Kang-ki.

8 — Très petit vase en vieux Chine, décor à figures; monture bronze doré.

9 — Vase cylindrique en vieux Chine, famille verte, décor à personnages dans des jardins. Époque Ming.

10 — Vase-rouleau en vieux Chine, décor sur fond blanc à figures dans un jardin et médaillon fond rose.

11 — Boite à thé sphérique en vieux Chine, décor à personnages.

12 — Statuette équestre : Kouan-in sur une chimère à tête d'éléphant, en ancien blanc de Chine.

13 — Bouteille à panse sphérique en vieux Chine, fond lilas foncé au dragon à quatre griffes, fleurs et feuillages en noir niellé d'or, et sopra bianco. Époque Ming.

14 — Paire de vases-rouleaux en vieux Chine, à réserves fond blanc, avec personnages, paysages, fleurs et oiseaux en rouge de fer.

15 — Figurine Kouan-in tenant un enfant dans ses bras, en ancien blanc de Chine.

16 — Deux vases-balustres en céladon vert de mer, décor à fleurs relevé d'or. Epoque Ming.

17 — Tasse et soucoupe en vieux Chine, fond gros bleu à fleurs relevées d'or.

18 — Cinq petits vases miniatures, famille des Indes, décor à personnages, cols en bronze doré.

19 — Vase, décor : groupe équestre précédé de porte-étendards.

20 — Bouteille, décor bleu jaspé.

21 — Petit vase-balustre renversé en vieux craquelé vert clair de lune. Epoque des Soung.

21 *bis* — Vase balustre, évasé du haut, ancien jaune verdâtre craquelé et flammé rouge.

22 — Vase, de forme aplatie, en vieux Chine, décor curieux à teinte bronze patine variée, avec parties comme aventurinées, anses à têtes de cerfs.

23 — Deux grandes statuettes en vieux Chine, représentant les deux Nyio debout, à l'air farouche, la poitrine nue, drapés dans de longs manteaux rouges.

24 — Deux bouteilles, décor en bleu sur blanc, médaillons à figures et fleurs.

25 — Vase en ancien gris craquelé, orné d'anses à têtes chimériques bronzées.

26 — Vase, forme balustre renversée, en ancien gris craquelé, décoré de fleurs et de motifs symboliques en émaux polychromes imbriqués de noir.

27 — Tasse et soucoupe anciennes, décor à paysage fleuri et balustrade en émaux de la famille rose.

28 — Petit vase ancien, forme surbaissée, décor rouge haricot flambé.

29 — Figurine d'ascète en ancien blanc beau modelé.

29 *bis* — Petit vase-bouteille, décor au dragon, en bleu et blanc, dans les flots de la mer. Époque Ming.

30 — Trois bols et deux soucoupes, ancienne famille des Indes, pâte fine, décor à gerbes et guirlandes de fleurs.

31 — Vase ancien, décor d'animaux, branchages fleuris et objets d'ameublement en polychrome et or.

32 — Vase à panse sphérique et côtelée, décor ancien rouge sang de bœuf flambé.

33 — Bouteille à panse sphérique, décor ancien rouge sang de bœuf flambé.

34 — Grosse torchère de pagode, à base presque sphérique et cintrée, ornée de quatre masques chimériques en relief et bruns, sur fond gris, décorée de caractères par enlevage avec imbrications bleues. Spécimen rare et intéressant. Époque Soung.

35 — Divinité Kouan-in en blanc, représentée assise, les pieds et les mains croisés.

36 — Très petit vase surbaissé en ancien gris craquelé légèrement teinté de rose (effet de cuisson).

37 — Bouteille, forme gourde, ancien vert olive clair craquelé, moiré et à reflets, décor gravé sous couverte, goulot en métal.

37 *bis* — Vase-bouteille, ancien flammé aubergine. Pied en bois sculpté.

38 — Bouteille, pâte fine, décorée de cachets variés sur la panse et autour du col de carrelages et de feuilles d'eau en bleu sur blanc.

39 — Grosse potiche, avec couvercle, ancienne famille verte, riche décor de ceps fleuris chargés de grappes de raisin et d'animaux. Époque Ming.

40 — Grande bouteille à panse sphérique, décor céladon moutarde. Époque Kang-hi.

41 — Vase-balustre renversé, fond bleu turquoise, décor partie en relief, représentant des objets d'ameublement et natures mortes, le bas avec frise fond rose vermiculé de bleu et médaillons à fleurs en réserve.

42 — Vase à quatre faces, dessin en relief vannerie, fond brun flambé. Époque Ming.

43 — Vase cylindrique, dessin en relief vannerie, fond vert olivé flambé. Époque Ming.

44 — Bouteille à panse sphérique, décor gravé sous couverte bleu empois. Époque Kang-hi.

45 — Paire de vases gris craquelé, décor à personnages dans des paysages en camaïeu bleu.

46 — Petite jardinière surbaissée, décor sang de bœuf craquelé et flambé.

46 *bis* — Vase-bouteille, craquelé vert émeraude. Époque Kang-hi.

47 — Deux bouteilles à long col gris craquelé très fin.

48 — Magot assis, souriant, le corps nu s'enveloppant dans une draperie à décor arlequin.

49 — Bouteille à long col cintré et évasé à la gorge, ancien jaune paille craquelé très fin.

50 — Vase-balustre renversé, fond gris craquelé, décor en camaïeu bleu, chevaux et cerf courant en liberté. Époque Kang-hi.

51 — Fragment de vase, fond jaune à dragons et fleurs en couleur.

52 — Tasse et soucoupe, décor fleurs, feuillages et cartouches de terrain en émaux de la famille verte.

53 — Coupe, décorée de fleurs et de branchages en émaux de la famille rose.

54 — Petite tasse, décor lambrequins et ornements de la famille rose.

55 — Tasse et soucoupe, décor à fleurs et personnages en rouge, noir et or.

56 — Tasse à anse, décor oiseaux de paradis, fleurs et lambrequins de la famille rose.

57 — Tasse à anse, décor oiseaux et fleurs de la famille rose.

57 *bis* — Petit vase, forme gourde, craquelé-flammé jaune chamois. Époque Ming.

58 — Deux tasses à anse, de la famille des Indes, décor l'une, médaillon à personnages, l'autre, à écusson armorié.

59 — Bol, de la famille des Indes, décoré de médaillon à personnages.

60 — Petite jardinière à gorge festonnée, décor oiseaux, chauve-souris en polychrome.

61 — Théière, de la famille des Indes, décorée de fleurs, panse cotelée.

61 *bis* — Soupière de la famille des Indes, décor à guirlandes et armoiries européennes.

62 — Sucrier, décor à fleurs de la famille rose.

63 — Très petit vase, décor sang de bœuf et violet, fond craquelé et flambé.

64 — Petite jardinière, décor à fleurs, famille rose.

65 — Deux statuettes d'enfants portant des vases de fleurs, décor de la famille verte.

66 — Petit bol, décor à personnages.

67 — Grande potiche, à riche décor de paysage avec cours d'eau animé d'embarcation, le haut à lambrequins fleuris en émaux de la famille verte, couvercle en bois sculpté avec bouton en jade blanc. Époque Ming.

68 — Deux petites chimères en blanc sur terrassement rectangulaire.

69 — Deux bols avec soucoupes, décor oiseaux dans des paysages fleuris, de la famille rose.

70 — Bol surbaissé, décor bleu sur blanc.

71 — Deux tasses et soucoupes, pâte fine, décor paysage fleuri et papillons en émaux de couleur.

72 — Vase, vieux blanc de Chine craquelé, à bandes saillantes, sur socle, et avec couvercle en bois orné d'une branche de corail.

73 — Vase, décor à cortège de personnages en émaux de couleur.

73 *bis* — Brûle-parfums à couverte haricot, flambé-craquelé, avec parties jaune, bleu-ciel, vert, violet; couvercle et pied bois ajouré. Époque Ming.

74 — Coupe quadrangulaire, marbrée de rose à fond plus clair, flambée et à reflets métalliques.

75 — Deux coupes surbaissées, décor intérieur, oiseau de paradis sur fond blanc, extérieur à oiseaux vermiculés d'or sur fond rouge.

76 — Tasse et soucoupe, décor à feuillages, fleurs et oiseaux, fond blanc.

76 *bis* — Petite gourde, finement craquelée noire.

77 — Vase, fond gros bleu, décor à personnages à rehauts d'or, anses à trompes d'éléphants. Époque Ming.

78 — Vase, de forme conique cintré, fond brun, col bleu flambé.

79 — Petit vase avec couvercle, décor paysage fleuri et volatiles, en émaux de la famille rose, sur pied en bronze doré.

80 — Coupe ronde, fond bleu fouetté, à jetées de fleurs et de feuillages à rehauts d'or.

81 — Coupe ronde, fond bleu fouetté, décor médaillons de fleurs à rehauts d'or.

82 — Petite coupe à libations, fond bleu turquoise, accostée de deux chauve-souris en rouge et or.

83 — Petit vase, fond vert clair granité, décor à fleurs et feuillages.

84 — Pot à crème, de la familles des Indes, décor à à carrelages et médaillons de fleurs.

85 — Bouteille, décor oiseau et nuage, col garni de cuivre.

86 — Tasse et soucoupe, décor à branchages fleuris de la famille rose.

87 — Deux tasses et soucoupes, à fleurs et branchages de la famille rose.

87 *bis* — Petit vase balustre, ancien bleu turquoise craquelé. Pied en bois sculpté.

88 — Petite théière, de la famille des Indes, décor médaillons de fleurs et guirlandes.

89 — Petit vase-balustre renversé, décor jardinière et vases fleuris de la famille rose.

90 — Grosse théière, de la famille des Indes, décor à fleurs et feuillages polychrome et or.

91 — Soupière et couvercle, de la famille des Indes, décor à jetées de fleurs.

92 — Jardinière ovale, décor à fleurs, pieds à coquillages.

93 — Coupe à libations, gris craquelé, très ancien.

94 — Sucrier avec couvercle, fond capucin, à médaillons de fleurs.

95 — Petit vase sphérique en vieux gris craquelé.

96 — Petite tasse, pâte fine, décor à figures de la famille rose.

97 — Bouteille, fond bleu turquoise, décor en relief, dragons sur les flots de la mer. Époque Kang-hi.

98 — Petite bouteille, forme aspergeoir, décor à fleurs et feuillages entrelacés en rouge et or.

99 — Figurine présentoir, petit chinois à genou tenant une coupe, décor à fleurs en émaux de couleur.

99 *bis* — Petit vase-bouteille, ancien blanc de Chine.

100 — Gourde en forme d'anneau, décor en bleu, à fleurs de pêcher sur blanc.

101 — Grande potiche avec couvercle, décor en bleu sur blanc, représentant des arabesques entrelacées et des pendentifs suspendus à des chainettes de perles, le bas à feuilles d'eau. Epoque Ming.

102 — Chimère porte-lumière, décor en vert, rose et jaune de la famille rose.

103 — Bouteille, vieux craquelé, décor tabac, flambé.

104 — Petit vase cylindrique, fond bleu aux dragons dans les nuages réservés en blanc.

105 — Petite bouteille, décor rouge haricot flambé.

106 — Petite lampe surbaissée, à quatre ouvertures, forme fleur de lotus, en rouge corail et vert.

107 — Petit vase, fond rose vermiculé de vert et à bouquets de fleurs, avec médaillons représentant des cerfs dans un paysage, famille rose.

108 — Très petite jardinière, fond jaune citron.

109 — Grand vase à panse presque sphérique, col cintré, décor rouge sang de bœuf flambé pointillé de noir, sous couverte. Époque Kang-hi.

110 — Bouteille gros bleu uni flambé ancien.

111 — Bouteille, fond gros bleu foncé flambé ancien.

112 — Bol, fond rouge corail, à motifs dorés, médaillon à paysages en émaux de couleur sur fond blanc.

113 — Jardinière ronde, décorée de personnages et d'objets d'ameublement en émaux de couleur, avec anses à têtes chimériques.

114 — Vase, fond rouge corail rehaussé d'or, avec médaillons fond blanc, à paysages en émaux de couleur.

115 — Deux petites jardinières, fond rouge, dessins à grecques et feuillages, réserves en blanc.

116 — Bouteille, forme gourde, décor fond bleu à fleurs de gourdes et feuillages réservés en camaïeu bleu. Époque Kang-hi.

117 — Petite jardinière minuscule, forme fleur de lotus, en rouge corail.

118 — Très petit vase quadrilobé, fond bleu granité, médaillons à paysages en couleur sur fond bleu.

118 *bis* — Petit vase ovoïde, vert clair de lune, craquelé. Pied en bois sculpté. Époque Ming.

119 — Deux vases, de la famille des Indes, fond d'or avec médaillons à personnages en émaux de couleur ; monture en bronze doré. Style Louis XV.

120 — Deux tasses et soucoupes, famille des Indes, décor à fleurs.

121 — Bouteille, forme gourde, à deux anses, céladon moutarde.

122 — Bouteille, décor aubergine flambé violacé et gris clair craquelé.

123 — Petit vase, décoré de figures dans un paysage, de la famille verte.

124 — Tasse et soucoupe, fond capucin, décor intérieur en bleu sur blanc.

125 — Lanterne blanc laiteux, décor ombré.

126 — Grosse bouteille, décor gros bleu flambé. Époque Kang-ki.

127 — Curieuse statuette : personnage masqué assis tenant un livre ouvert, décor en émaux de couleur.

128 — Coupe surbaissée, gris craquelé à fleurs, relevé d'émail blanc.

128 *bis* — Vase-bouteille, sang de bœuf, avec pied en bois sculpté. Époque Ming.

129 — Petite coupe surbaissée, fond rouge corail.

130 — Magot assis et riant : Pou-Taï, décoré d'émaux de couleur sur socle bois sculpté.

131 — Coupe, décor à fleurs et feuillages en émaux de couleur.

132 — Vase, de la famille verte, décor à nombreux enfants prenant leurs ébats dans un paysage : monture en bronze doré. Style Louis XVI.

133 — Deux grandes statuettes : Chinois et Chinoise le visage souriant, les mains tendues, décor en émaux de couleur.

134 — Deux figures présentoirs : personnages à têtes très développées.

135 — Soupière ovale avec couvercle, décor en bleu sur blanc à personnages et lambrequins.

136 — Tasse et soucoupe, décor à personnages.

137 — Quatre petits bols minuscules, décors variés.

137 *bis* — Vase-balustre, céladon rouge haricot.

138 — Trois flacons-tabatières, décor : l'un en bleu sur blanc, l'autre gros bleu uni et la troisième en jaune et vert. (Sera divisé.)

139 — Grand vase, de forme presque cylindrique, pâte fine, fond craquelé, décoré de caractères et cachets en rouge, très ancien et rare.

140 — Petite coupe ronde, décor rouge flambé.

141 — Deux soucoupes, décor de la famille rose : l'une pâte coquille d'œuf à fleurs et lambrequins, l'autre à fleurs, le dessous fond capucin.

142 — Plat rond, décor à chimères, palmier et balustrade en bleu sur blanc.

143 — Plat rond, décor vert camélia uni et d'une belle venue à reflets *(Ancienne Collection Marquis.)*

144 — Plat rond, décor à paysage montagneux au centre, à fleurs et feuillages sur le bord en bleu sur blanc.

145 — Grand plat riche décor en bleu, offrant au centre un guerrier emporté par son cheval, au marli des arabesques d'ornements et sur le bord, divisé par rayons, des personnages dans des paysages, ou des motifs à ornements, à fleurs et feuillages ; le dessous est également décoré.

146 — Plat rond, décor de la famille rose, offrant au centre des volatiles et des fleurs, sur le bord des jetées de chrysantèmes et de feuillages.

147 — Plat rond, décor de la famille rose, à paysages et fleurs.

148 — Plat rond, décor en bleu sur blanc : jardinière fleurie au centre, fleurs et médaillons au marli et sur les bords.

149 — Petit 'plat rond, de la famille rose, décor à fleurs sur kakémono.

150 — Petit plat rond, de la famille rose, décor à fleurs et branchages.

151 — Assiette, de la famille des Indes, dessin représentant la cueillette des fruits dans le goût européen.

152 — Assiette, de la famille des Indes, décor en violet, à bouquets de fleurs et guirlandes.

153 — Assiette, de la famille rose, partie fond blanc, partie fond gros bleu à fleurs.

154 — Deux assiettes, décor jardinière fleurie au centre, quadrillé et médaillons au marli, jetées de fleurs et groupes d'objets variés sur le bord, en émaux de couleur rehaussés d'or.

155 — Assiette creuse, de la famille rose, décor à fleurs.

156 — Compotier, de la famille des Indes, décor à la rose et guirlandes.

157 — Compotier, décor à personnages et cerf au centre, à jetées de fleurs sur le bord dentelé.

158 — Deux assiettes, décorées au centre de groupe de grenades, au marli de niellures d'or sur fond noir et sur le bord, de bouquets de fruits et de fleurs, en couleur rehaussé d'or.

159 — Quatre assiettes, décor en rouge et or, à bambou et fleurs.

160 — Quatre assiettes, de la famille rose, à bords dentelés, décor à fleurs.

161 — Deux assiettes, décor à bouquets de fleurs au centre, coquillages et rinceaux au bord.

162 — Assiette, de la famille rose, décor à fleurs et branchages.

163 — Assiette, de la famille des Indes, décor à bouquets de fleurs et guirlandes.

164 — Assiette, décor en couleur et or, cerf et biche dans un paysage.

165 — Assiette, de la famille rose, décor à paysage fleuri de chrysanthèmes.

166 — Assiette, de la famille rose, décor à paysage fleuri avec balustrade.

167 — Assiette, de la famille rose, décor à bouquets de fleurs.

168 — Assiette, décor à paysage.

169 — Assiette, de la famille des Indes, décor à fleurs.

170 — Deux assiettes creuses, de la famille rose, décor à fleurs.

171 — Assiette, de la famille des Indes, décor à fleurs et guirlandes de perles.

172 — Assiette creuse, de la famille rose, décor à fleurs.

173 — Deux compotiers, de la famille rose, décor à paysage fleuri.

174 — Compotier, de la famille rose, décor à paysage fleuri et balustrade.

175 — Compotier, décor à gerbes fleuries.

GRÈS ANCIENS

DE LA CHINE ET DU JAPON

176 — Statuette en grès brun de Chine, représentant le dieu de la longévité, assis, tenant un écran à la main et la figure béate. Époque Ming.

177 — Grand aigle en grès émaillé, perché sur un tronc d'arbre vert.

178 — Statuette de femme, richement parée, debout, tendant la main droite, émaillée vert, violet et brun.

179 — Boîte, formée d'un magot assis, le corps demi nu enveloppé dans un grand manteau vert.

180 — Statuette : Kouan-in en ancien grès de Chine, corps brun, costume émaillé blanc, sur un rocher.

181 — Figurine : Çakia-mouni, assis sur un rocher, le corps émacié par le jeûne.

182 — Petite statuette, personnage assis, grès très fin, draperie verte.

183 — Figurine, grès noir de Chine, personnage drapé.

184 — Deux statuettes de personnages, à costumes émaillés verts, imbriqués de noir et de blanc, représentés assis, l'un, tenant un écran et l'autre, un instrument de musique.

185 — Groupe en grès brun et rouge : Çakia-mouni, assis près d'un tronc d'arbre, tenant une coupe à la main.

186 — Deux statuettes indo-chinoises, à riches costumes émaillés, fond vert à fleurs avec dauphins à leurs pieds, émergeant des flots de la mer.

187 — Groupe, représentant une grotte avec petits pavillons aux divers étages, émaillé bleu flambé. Pièce rare, très ancienne.

188 — Gourde, grès brun à reflets.

189 — Brûle-parfum rectangulaire, à deux anses, couronné par un oiseau aux ailes déployées, grès brun.

190 — Petite jardinière-tripode, grès brun marbré à reflets.

191 — Vase à sacrifice, avec frise grecque, grès vert bronzé.

192 — Statuette : Çakia-mouni, grès brun clair, représenté assis les deux mains levées.

193 — Petit reliquaire, formé par une statuette de Confucius, grès brun émaillé blanc.

194 — Groupe : chimère près d'un tronc d'arbre, formant vase, émail brun et gris flambé.

195 — Grand groupe en grès émaillé polychrome, représentant une femme errante près d'un tronc d'arbre, recouvert d'un tapis.

196 — Grand groupe en grès brun polychrome et doré du Japon, représentant deux philosophes, sur une grosse tortue à tête chimérique, l'un, tenant un livre de litanies et chantant, l'autre, caressant sa barbe et s'appuyant sur un ibis. Signé dessous.

197 — Bas-relief lenticulaire, grès brun du Japon, représentant deux personnages dansant sur un vase et sur terre ferme dans un paysage rehaussé de tons polychromes.

PORCELAINES ANCIENNES

DU JAPON

198 — Vase à panse sphérique, col très large s'évasant, décoré de médaillons à personnages et à gerbes de fleurs en émaux de couleur et or. Porcelaine d'Aritâ.

199 — Grande statuette de Kwan-on, richement parée et drapée, tenant le rouleau de la Science à la main, décor en émaux de couleur et or; fond blanc granité.

200 — Potiche avec couvercle, décor à médaillons de paysages, de fleurs et d'oiseaux en bleu, rouge et or.

201 — Pot à crème, décor à fleurs et balustrade en bleu rouge et or.

202 — Théière, décor à paysage, bleu rouge et or.

203 — Deux petits bols avec soucoupes, décor à fleurs et lambrequins bleu, rouge, et or.

204 — Sucrier et couvercle, décor à paysage en bleu et rouge.

205 — Petite théière, décor par compartiments, à tiges fleuries.

206 — Deux tasses et deux soucoupes, décor à fleurs en bleu, rouge et or.

207 — Lanterne, décorée d'ibis et de motifs variés en bleu, rouge et or.

208 — Deux théières, décorées de fleurs et d'oiseaux en bleu, rouge et or.

209 — Deux bonbonnières laquées noir et or, à réserves blanches et émaux couleur.

210 — Deux grands vases cylindriques, fond noir, laqués, ornés d'incrustations de burgau et de nacre teintée à reflets, représentant des personnages dans des paysages fleuris et des marines au milieu de paysages montagneux.

211 — Paire de vases, pâte fine, décor blanc à poissons, bordure à dessin rouge et or.

212 — Garniture de trois pièces : potiche avec couvercle et deux cornets, fond noir, riche décor à oiseaux, ibis, cigognes au milieu de paysages fleuris, avec cols à lambrequins rehaussés d'or.

213 — Groupe de femme et enfant, à costumes polychromes. Vieux Kutany.

214 — Boîte pentagonale, fond rouge, à nombreux petits personnages en vert, jaune et or, à l'intérieur offrant des cortèges composés de nombreuses figures et le dessous présentant une légende. Porcelaine de vieux Kutany. Pièce rare.

215 — Statuette : femme debout, les mains croisées, en robe émaillée polychrome à fleurs. Porcelaine ancienne de Kutany.

216 — Figurine : personnage tenant un vase cylindrique et enveloppé dans un ample manteau rouge, à dessins polychromes. Kutany.

217 — Cache-pot fond blanc, à fleurs, lambrequins et oiseaux. Vieux Kutany.

218 — Petit vase, décor à feuilles d'eau, de Kutany.

219 — Soucoupe, décor à jardinière fleurie en bleu, rouge et or.

220 — Plat à barbe, décor bleu, rouge et or : jardinière et chrysanthèmes.

221 — Petit plat rond, décor chrysanthèmes, marli à arabesques.

222 — Deux assiettes, décor à fleurs.

223 — Deux assiettes, décor à fleurs.

224 — Deux assiettes, décor varié à fleurs et branchages.

225 — Plat rond, partie laquée noir, décor à médaillons, paysages en émaux de couleur et rehaussé d'or.

226 — Plat octogonal, décor à jardinière fleurie, lambrequins et médaillons polychromes et or.

227 — Groupe de trois porte-bouquets, forme bambou, accostés par un ibis, décor en vert bronzé tacheté d'émaux à gouttelettes en relief, vert céladon et gros bleu flambé, l'ibis au plumage blanc.

ÉMAUX CLOISONNÉS

DE LA CHINE ET DU JAPON

228 — Vase en ancien émail cloisonné champlevé de la Chine, fond bleu turquoise, à bande d'arabesque en couleur, anses à têtes chimériques et anneaux mobiles. Époque Ming.

229 — Petite boîte ronde en ancien émail cloisonné champlevé de la Chine, fond bleu turquoise, dessin à fleurs et feuillages en couleur. Époque Ming.

230 — Deux très petits vases en ancien émail cloisonné champlevé de la Chine, fond bleu turquoise, décor en couleur. Époque Ming.

231 — Petit brûle-parfums en ancien émail cloisonné champlevé de la Chine, fond vert et fond bleu turquoise, dessin à lambrequins se contrariant, avec fleurs et feuillages en couleur, supporté par trois figurines en bronze, orné d'anses à trompes d'éléphants. Le couvercle, forme coupole, repercé à jour est couronné par un chien de Fô. Époque Ming.

232 — Paire de grands vases en ancien émail cloisonné de la Chine, décorés d'arabesques en couleur, sur fond bleu turquoise.

233 — Coupe en ancien émail cloisonné du Japon, décor à paysages fleuris, sur fond turquoise, monture en bronze fumé et frotté dans le goût chinois.

234 — Petit vase cylindrique en ancien émail cloisonné du Japon, décor à plantes fleuries et volatiles.

235 — Petit plateau rond en ancien émail cloisonné du Japon, décor à oiseaux dans un paysage fleuri, fond bleu turquoise.

236 — Paire de grands vases en émail cloisonné du Japon, décor à médaillons en éventail et rosace, à oiseaux de paradis, fleurs et flots de la mer, en couleur sur fond vert.

237 — Petit vase, forme tube, en ancien émail cloisouné du Japon, fond noir à fleurs et bande fond bleu turquoise.

238 — Petit vase en ancien émail cloisonné du Japon fond noir, col fond bleu à fleurs et ornements en couleur.

239 — Deux petites potiches avec couvercles en émail cloisonné du Japon, fond noir à rosaces fleuries en couleur.

240 — Bouteille en ancien émail cloisonné du Japon fond vert, décor à lambrequins, carrelege rouge et gros bleu, fleurs et autres motifs en couleur.

241 — Petit gong, décor fond vert et fond rouge à fleurs.

242 — Petit gong, décor analogue.

242 *bis* — Vase cylindrique ancien cloisonné du Japon.

BRONZES ANCIENS

DE LA CHINE

243 — Brûle-parfums, à quatre faces, la panse et le couvercle offrant, en bas-relief, des motifs à rinceaux feuillagés, orné de deux anses se détachant en crosses, supporté par quatre cariatides de chimère et couronné par un chien de Fô posant une patte sur une boule. Epoque Ming.

244 — Vase à panse renflée, ornée de lambrequins finement gravés et ciselés, le col à bandes superposées de motifs variés, avec anses-anneaux mobiles et quatre anneaux se détachant autour de la gorge. Epoque Ming.

245 — Vase, de forme presque cylindrique, offrant, en bas-relief, des ornements et des lambrequins, orné de deux anses à anneaux mobiles surmontées de chauve-souris aux ailes déployées. Epoque Ming.

246 — Vase quadrangulaire, fond gravé, avec saillie débordante. Epoque Ming.

247 — Deux vases, à quatre faces, gravés à ornements feuilles d'eau. Epoque Ming.

248 — Bouteille, offrant comme décor un dragon en furie, se détachant en ronde bosse et s'enrou-

lant menaçant autour du col. Il émerge des flots de la mer qui recouvre une partie de la panse, avec plantes aquatiques en bas-relief. Pièce intéressante et précieuse par son ancienneté, sa patine et son caractère. Premier âge des Ming.

249 — Statuette de Kouan-in debout, avec un enfant sous son bras droit, symbolisant la Fécondité, costume à patine d'or, parties laquées rouge, les chairs au ton naturel sur grès. Pièce des plus rares et des plus curieuses par sa constitution, son caractère et sa conservation. Premier âge des Ming.

250 — Coupe ovale à sacrifice, décorée d'ornements en bas-relief, avec anses à tête de dauphin. Epoque Ming.

251 — Cornet à sacrifice, à gorge évasée, décoré de lambrequins et ornements par bandes superposées avec saillie.

252 — Paire de petits vases en bronze et émail champlevé, décor en couleur sur fond turquoise.

253 — Brûle-parfums en bronze et émail champlevé, décoré par bandes d'ornements en couleur sur fond bleu turquoise, anses à trompe d'éléphant, couvercle surmonté d'un chien de Fô tenant une boule sous sa griffe.

254 — Vase, forme tronc d'arbre, avec branchages fleuris en ronde bosse, belle patine foncée, ornée de quelques rares incrustations de pierres. Epoque Ming.

255 — Grand vase à sacrifice, à quatre faces, décor en gravure très fine, offrant des bandes à motifs variés et à lambrequins, anses à tête chimérique, belle patine foncée. Epoque Ming.

256 — Vase en bronze, patine brune et unie, la panse ornée d'une bande en émail champlevé, décor à arabesques polychromes, avec anses à anneaux mobiles.

257 — Statuette de Bouddha assis, offrant sur la poitrine un dragon menaçant, se détachant en haut-relief. A ses pieds, une tortue entourée d'un serpent. Belle patine foncée, rappelant par son caractère l'influence indienne. Epoque Ming.

258 — Vase, à patine foncée, avec bandes en émail champlevé, à dessin polychrome, anses à têtes chimériques. Epoque Ming.

259 — Statuette équestre, représentant Bouddha assis sur son lion, patine foncée. Epoque Ming.

260 — Vase, à patine foncée, col et panse rehaussés d'émaux champlevés, à dessins polychromes sur fond bleu turquoise, anses à tête chimérique. Epoque Ming.

261 — Vase, à patine vert olive parties frottées d'or, panse décorée d'une frise d'ornements et de saillies. Epoque Ming.

262 — Deux statuettes les Nyio, debout, l'un, brandissant la foudre et l'autre, les mains menaçantes. Epoque Ming.

263 — Vase, à patine foncée, avec frise et lambrequin en émail champlevé, orné d'anses à têtes chimériques.

264 — Vase, à patine foncée, avec frise à grands lambrequins en émail champlevé, dessin rouge sur fond bleu turquoise.

265 — Petite statuette de Bouddha faisant le geste de la charité, patine foncée rehaussée de vestiges de dorure. Epoque Ming.

266 — Groupe : Kouan-in assise, ayant un enfant sur ses genoux, symbolisant la Fécondité, patine noire, avec traces de laque sur le terrassement. Epoque Ming.

267 — Brûle-parfums tripode, à panse sphérique, patine noire, avec bandes en émail champlevé, couvercle couronné par un serpent.

268 — Vase à sacrifice, formé par un animal fantastique, avec petit quadrupède sur son dos, patine verte, parties frottées d'or et d'argent.

269 — Statuette d'un grand caractère : Bouddha dans l'attitude du commandement, patine foncée, avec vestiges de dorure. Premier âge des Ming.

270 — Brûle-parfums hexagonal en bronze noir et émail champlevé.

271 — Cornet, gravé et ciselé, orné de saillies ajourées.

272 — Petit vase, à gorge évasée, avec frise gravée aux dragons.

273 — Petite lanterne hexagonale, gravée et découpée à jour.

BRONZES ANCIENS

DU JAPON

274 — Deux brûle-parfums à patine foncée offrant, en bas-relief, des paysages ornés d'anses à branches de fruits avec animaux et couronnés par des statuettes de femme portant une corbeille de fruits et d'homme tenant un fruit.

275 — Deux vases cylindriques, offrant, en haut relief, des combats de dragons et d'oiseaux fantastiques.

276 — Arbrisseau sur terrassement, supporté par trois grenouilles avec chouette et faisan dans les branchages.

277 — Groupe représentant Çakia-Mouni tenant en l'air un vase sacré et ayant devant lui son chien de Fô, patine foncé.

278 — Brûle-parfums à panse sphérique, offrant, en bas-relief, des oiseaux de paradis dans un paysage, le couvercle surmonté d'une geisha.

279 — Jardinière, formée par une pêche de longévité, avec branchages et oiseaux se détachant à jour et en ronde bosse.

280 — Grand brûle-parfum, offrant, en bas-relief autour de la panse, des médaillons à chimères surmontés de lambrequins sur fond tout gravé, orné de quatre anses, le couvercle surmonté d'un groupe symbolique : femme et enfant et deux singes. — Hauteur, 1 m. 40 cent.

281 — Paire de grands vases, offrant tout autour, se détachant en ronde bosse, deux divinités, deux gardiens de temple ; autour du pied, décoré de lambrequins, des chiens de Fô. Les cols sont ornés des armoiries des Taïcouns.

282 — Statuette équestre, représentant le dieu de la longévité sur un cerf.

283 — Statuette de guerrier en armure, à masque fantastique.

284 — Paire de petits vases, ornés du dragon impérial s'enroulant tout autour.

285 — Petit écran, offrant, en bas-relief, un oiseau de paradis supporté par deux cerfs couchés et présentant, au milieu, la figure du dieu de la longévité.

286 — Grand groupe, représentant un personnage tenant, à la main gauche, un vase d'où sort un dragon s'enroulant tout autour de lui. De la

main droite, il tient le sceptre du commandement. Assis sur un grand chien de Fô et ayant un autre plus petit près de lui. Posé sur un socle ajouré, supporté par quatre masques fantastiques.

287 — Boîte, en forme de melon sur lequel grimpe un rat, elle est supportée par un rat, une courge et une aubergine.

288 — Petit vase, à patine claire, avec anse à chien de Fô.

289 — Vase, à deux anses trompes d'éléphants, décor en gravure, tacheté d'or et d'argent, aux dragons.

290 — Petit groupe de deux personnages et d'un singe.

291 — Petit vase, gravé et niellé, patine claire.

292 — Brûle-parfums, gravé et niellé d'argent, avec anses à trompes d'éléphants et anneaux mobiles.

293 — Paire de vases, ciselés et incrustés d'or et d'argent, décorés de paysages.

294 — Petit brûle-parfums lobé, couvercle à feuillages, anses formées de mouches.

295 — Petit brûle-parfums, décoré d'oiseaux en bas-relief, couronné par une chimère.

296 — Trois petites boîtes à patine claire, ornées d'incrustations et niellées d'or et d'argent. (Sera divisé.)

297 — Deux miroirs, décorés d'oiseaux de paradis dans des paysages.

BRONZES INDIENS

ET AUTRES

298 — Divinité assise, sur socle et contre-socle très ouvragé.

299 — Deux lampes rituelles, décorées de divinités et d'animaux fantastiques en bas-relief.

300 — Groupe figurant la Trimourti brahmanique.

301 — Deux figurines, représentant Ganeça.

302 — Statuette, représentant Garouda.

303 — Deux figurines de petits adorateurs.

304 — Statuette du Thibet, représentant le Dieu du Vent.

305 — Deux groupes équestres, personnage sur un éléphant. Annam.

306 — Théière en fonte gravée. Travail coréen.

MATIÈRES PRÉCIEUSES

307 — Écran en jade blanc, représentant, en bas-relief, des personnages dans un paysage montagneux.

308 — Petit groupe en jade blanc teinté vert, représentant le dieu de la longévité et son cerf.

309 — Coupe à libations surbaissée en jade blanc, finement évidée, avec anse à fleurs et feuillages.

310 — Coupe à sacrifice en jade gris gravé, avec anse à jour prise dans la masse.

311 — Chu en jade blanc, offrant, en bas-relief, un personnage assis, deux chimères et un singe dans un paysage, fond très finement ajouré.

312 — Petit vase en jade blanc teinté vert, forme tronc d'arbre, matière très pure.

313 — Vase avec couvercle en jade vert gravé, à deux anses trompes d'éléphants.

314 — Vase en jade blanc gravé, avec anses ajourées prises dans la masse.

315 — Boucle de Princesse, en jade blanc, offrant, en relief et ajouré, des groupes de dragons.

316 — Vase en jade vert, panse gravée, dessin à ornements.

317 — Petite coupe surbaissée en jade gris rouillé, décor en bas-relief, de plantes et de chauve-souris.

318 — Agrafe, offrant, en haut relief, un dragon et une tête chimérique.

319 — Agrafe en jade blanc, offrant, en haut relief, un dragon et une tête chimérique.

320 — Petit vase en jade vert gravé, avec anses à jour.

321 — Petit flacon à tabac en jade blanc, forme vase.

322 — Petit chien de Fô accroupi.

323 — Flacon à tabac en agate orientale, décor paysage, avec incrustations métalliques.

324 — Flacon à tabac en jade blanc, forme vase, à panse aplatie.

325 — Flacon à tabac en agate orientale, forme vase, à panse aplatie.

326 — Flacon à tabac en jade herborisée, même forme.

327 — Flacon à tabac en aventurine, même forme.

328 — Flacon à tabac en jade blanc, forme vase, orné d'anses à tête chimérique.

329 — Flacon à tabac en jade blanc.

330 — Flacon à tabac en jade blanc, décoré en bas-relief de grappes de raisin.

331 — Flacon à tabac en cornaline brune.

332 — Petit groupe deux singes en jade blanc.

333 — Petit personnage couché en jade blanc.

334 — Plaque de mandarin en jade blanc gravée.

335 — Bonbonnière en jade blanc gravée.

336 — Coupe en jade blanc finement évidée, enveloppée de fleurs et de branchages à jour.

337 — Plaque de sceptre en jade blanc gravée, représentant un cortège de cavaliers et de personnages dans un paysage.

338 — Plaque de sceptre en jade blanc, présentant au centre les signes de la Fécondité.

339 — Trois pièces d'appliques : vase et ornements en jade.

340 — Quatre grands panneaux à fond de bois verni, décorés de belles applications de jade et autres matières précieuses finement sculptées, représentant des animaux dans des paysages et des inscriptions. Encadrement en bois de fer. (Sera divisé.)

ARGENTERIE

341 — Grand broc en argent ciselé et gravé, offrant, en bas-relief, un ibis au milieu de fleurs et de feuillages, le couvercle surmonté d'un chien tenant un poisson dans sa gueule. — Poids, 3 kilos 420 grammes.

IVOIRES ANCIENS DE LA CHINE

342 — Groupe de deux personnages, représentant une femme âgée tenant une corbeille, s'appuyant sur un bâton, accompagnée d'un enfant.

343 — Groupe de deux figures, représentant une femme encapuchonnée, une fleur de lotus à la main, accompagnée d'un enfant qui s'appuie sur un vase de vannerie.

344 — Groupe de deux figures, représentant une femme tenant une branche de fruits et un écran dans ses mains, ayant près d'elle un enfant tenant un sac.

345-346 — Deux groupes de deux figures, femmes et enfants, l'une portant un fagot et l'autre une corbeille de poissons.

347 — Figurine de vieillard à longue barbe, avec costume laqué or.

348 — Petite statuette équestre, représentant le philosophe Lao-tsen sur son buffle.

349 — Petit chien de Fô, formant cachet.

350 — Petit chien de Fô, formant cachet.

351 — Vase à tabac, offrant au pourtour, en bas-relief, des scènes à petits personnages faisant la récolte du riz.

IVOIRES ANCIENS DU JAPON

352 — Groupe de deux figures et un singe, représentant le colporteur de grenouilles. (Signé.)

353 — Groupe, représentant un monstre diabolique jouant avec un chien.

354 — Singe, monté sur une corbeille, tenant un fruit dans sa main.

355 — Groupe de deux figures : personnage tenant un bâton surmonté d'un poulpe, accompagné d'un enfant qui porte une hotte.

356 — Groupe de trois personnages, dont un perché sur un panier de fruits avec une grenouille sur la tête.

357 — Petit éléphant richement caparaçonné, avec enfant sur le dos. (Signé.)

358 — Figurine, représentant un personnage coupant une branche de fleurs.

359 — Groupe de deux personnages portant des gourdes.

360 — Groupe, représentant un bûcheron et son enfant. (Signé.)

361 — Figurine : paysan portant une botte de feuillages sur son dos et une bêche à la main (Signé).

362 — Figurine : enfant nu assis.

363 — Petite statuette équestre : enfant sur un éléphant.

364 — Groupe de deux personnages aux longs bras et aux longues jambes.

365 — Petite figurine : personnage fantastique portant un sac.

366 — Groupe de deux rats dévorant des plantes (Signé).

367 — Groupe de deux figures et deux singes : les Saltimbanques (Signé).

368 — Figurine : personnage portant un sac sur sa tête.

369 — Petit buffle couché (Signé).

370 — Figurine : personnage à genoux, avec un petit chien sur son dos.

371 — Figurine de squelette tenant un pieu.

372 — Petit groupe de monstres se débattant contre un squelette.

373 — Cachet surmonté d'un chien de Fô.

374 — Six petits sujets symbolisant les corps de métiers, portant les signatures de différents artistes.

375 — Vase finement gravé, représentant un paysage accidenté animé de personnages, avec inscriptions et signature.

376 — Deux cornets, décor laqué d'or, bambou et volatiles.

NETSKÉS ANCIENS
DU JAPON

377 — Vieux chemineau portant une tortue sur son dos.

378 — Géant amplement drapé.

379 — Vieillard monstrueux tenant un sabre.

380 — Suite de trente-deux groupes représentant des sujets différents et des animaux. (Sera divisé.)

380 *bis*. — Petit personnage en bois, tête, mains et pieds en ivoire.

SCULPTURES SUR BOIS

381 — Bouddha debout en bois sculpté et doré, posé sur fleur de lotus. Travail ancien du Japon.

382 — Personnage divin, assis, en bois sculpté doré. Travail ancien de Chine.

383 — Bouddha debout tenant son chapelet, avec costume, décoré aux dragons et posé sur des nuages, rehaussé de vestiges de dorure. Travail ancien. Sur socle laqué rouge.

384 — Chien de Fô, à crinière hérissée. Travail du temps des Ming.

385 — Statuette dieu du Vent, sur racine d'arbre.

386 — Groupe de pèlerin et de chien. Travail ancien du Japon.

387 — Grande statuette de guerrier, au visage menaçant. Travail ancien du Japon.

388 — Statuette du dieu de la Guerre en bois sculpt et doré. Travail ancien du Thibet.

389 — Petit personnage assis. Travail ancien du Japon.

390 — Petit dieu de la longévité assis.

390 *bis*. — Noix finement travaillée, sculptée, représentant des animaux et des algues marines.

MEUBLES, PEINTURES

OBJETS DIVERS

391 — Écran à six feuilles en pierre de lard, peint de sujets divers et d'inscriptions. Époque Ming.

392 — Écran en pierre de lard, offrant, sur une face en bas-relief, une allégorie relative aux prêtres bouddhiques apportant les livres sacrés et, de l'autre côté, une chimère au milieu de grands feuillages. Monture en bois de Teck. Travail ancien du Japon.

393 — Écran diptyque en bois de Teck, offrant sur chaque feuille, en bas-relief, des personnages assis, décor partie laquée et dorée. Encadrement à fronton sculpté, à fleurs et feuillages. Travail ancien du Japon.

394 — Grand écran en bois des iles gravé, incrusté de burgau, d'étain, dessin gourdes, feuillages et fleurs avec incrustations de plaques en porcelaine, décor à personnages et paysages. Monture bambou.

395 — Deux gouaches, représentant des paysages arrosés par des cours d'eau et animés de figures. École japonaise.

396 — Deux panneaux, peintures en camaïeu bleu, représentant des hérons dans un paysage. École japonaise.

397 — Deux panneaux, peintures en camaïeu bleu, représentant des paysages. École japonaise.

398 — Deux tableaux sur verre, représentant des cérémonies officielles, compositions de nombreux personnages. École ancienne chinoise. Cadre en bois sculpté.

399 — Collection intéressante de quatorze peintures sur soie, représentant d'importantes compositions à nombreux personnages : scènes de la vie usuelle, des fêtes et des cérémonies, avec une variété incomparable de groupements et d'une finesse remarquable comme exécution. École ancienne chinoise. (Pourra être divisé.)

400 — Petit portrait de femme, peinture sur verre. École ancienne. Cadre en bois sculpté.

401 — Album, composé de douze feuilles, peinture sur soie, représentant des compositions allégoriques à l'Histoire et à la culture du thé. École chinoise. Reliure en satin rouge.

402 — Album, composé de dix feuilles, peinture sur soie à fleurs et papillons. Reliure en satin rouge.

403 — Plateau en laque du Japon, fond noir relevé d'or et d'aventurine, représentant cinq personnages avec têtes et mains en ivoire, tenant des écrans en burgau.

404 — Deux panneaux en bois de Teck, enrichis d'applications d'ivoire et de burgau, représentant des branchages fleuris et des oiseaux. Travail ancien d'une grande finesse du Japon.

405 — Deux panneaux rectangulaires en bois de Teck, offrant, en bas-relief en application d'ivoire gravé, de burgau sculpté et de laque d'or, des femmes japonaises et des enfants dans des paysages fleuris. Travail remarquable ancien du Japon.

406 — Écran en bois du Tonkin, décoré d'incrustations de burgau, représentant un paysage, des branchages fleuris et autres motifs variés, avec encadrement ivoire ajouré et sculpté,

407 — Inro en laque du Japon, avec fleurs or et rouge et netské en ivoire.

408 — Petit groupe de deux personnages en bois dur sculpté.

409 — Flacon à tabac en verre fumé.

410 — Théière en pierre de lard sculptée.

410 *bis* — Statuette jadaine représentant Kouan-in tenant le rouleau de la Science à la main.

411 — Deux petites jardinières quadrangulaires en pierre de lard gravée à inscription.

412 — Paire de petits vases en pierre de lard gravée.

413 — Groupe de guenon et ses petits en pierre de lard.

414 — Personnage : Pou-taï en pierre de lard fumée.

415 — Çakia-mouni sculpté en bas-relief et peint.

416 — Petit olifant offrant, en bas-relief, une suite de personnages sculptés sur os.

417 — Boite à jeu en laque de Chine, fond rouge, décor d'or à personnages, fleurs et ornements.

418 — Boite-papeterie en laque de Chine, fond noir, décor d'or à personnages.

419 — Instrument de musique chinois enfermé dans une boite en laque noire, décor d'or : médaillons à personnages et écussons.

420 — Cabinet, ouvrant à deux portes, garni de tiroirs à l'intérieur, décor en laque d'or. Travail japonais.

TENTURES, SOIERIES

BRODERIES

421 — Grand décor d'entrée de temple en satin de différentes nuances, richement brodé de soie, représentant des figures symboliques, des scènes à petits personnages, des rosaces et des fleurs, avec bandeau en satin jaune à inscriptions. Travail de Canton. XVIe siècle.

Larg., 4 m. 10 cent.; haut., 3 m. 30 cent.

422 — Grand décor d'entrée de temple en satin de différentes nuances, richement brodé de soie, offrant des oiseaux, des papillons, des fleurs, des caractères et autres motifs variés. Travail de Canton. XVIe siècle.

Larg., 3 m. 60 cent.; haut., 3 m. 28 cent.

423 — Grand bandeau en satin vert olive, brodé de soie, offrant des animaux, des cigognes, des objets d'ameublement et des fleurs; au milieu, une armoirie. Travail du XVIe siècle.

424 — Grande tenture en satin rouge, offrant, en riches broderies d'or et de soie, des scènes à petits personnages, des oiseaux de paradis, des chiens de Fô et des fleurs.

425 — Tenture en satin chaudron, offrant, en broderie de soie, des paysages fleuris, animés de volatiles de toutes espèces. Travail japonais.

426 — Grand bandeau en satin vieux rose, représentant en broderie de soie une scène de fête familiale, composition de onze personnages. Travail du XVIe siècle.

427 — Bandeau en satin, teinte brique, richement brodé de soie, représentant au milieu de parterres de fleurs des scènes de jeux d'enfants. XVIe siècle.

428 — Bandeau en crêpe de Chine rouge, brodé de soie, médaillons à petits personnages, cachets oiseaux et papillons, avec applications forme lambrequin fond bleu, bordures en satin jaune et satin bleu à petits dessins.

429 — Grand bandeau en satin vieux rose, richement brodé de soie, offrant au milieu une scène de réception, plusieurs femmes groupées en jolis costumes; à la suite, de chaque côté, des paysages fleuris animés de figures, d'oiseaux et de papillons. Travail japonais.

430 — Grande tenture en satin rouge, offrant en broderie de soie de nombreux personnages

échelonnés autour d'une balustrade, au milieu d'un paysage fleuri ; en haut, des oiseaux de paradis ; en bas, des chiens de Fô et autres motifs décoratifs.

431 — Grande tenture en satin chaudron, offrant en broderie de soie une divinité, des bouddhas et autres personnages avec médaillons figurant les Koua, entourés de chauve-souris au fronton. Tout autour, des fleurs et des fruits.

432 — Bandeau en crêpe de Chine havane, brodé en soie à bouquets de fleurs, dragons et trophées.

433 — Bandeau en satin vieux rose, brodé de soie, à fleurs et papillons.

434 — Bandeau en satin brique, brodé de branchages et des poissons fantastiques en soie et or.

435 — Bandeau en crêpe de Chine tabac, brodé de personnages et de fleurs en soie.

436 — Bandeau en satin jaune, brodé de soie à chauve-souris, fleurs et papillons.

437 — Bandeau en satin jaune, brodé en soie, à cavaliers, personnages, fleurs et chauve-souris.

438 — Bannière en drap rouge, avec dragon, brodé de fils métalliques.

439 — Petit panneau rectangulaire en satin vieux rouge, brodé à bouquets de fleurs et inscriptions.

440 — Carré en satin rose, brodé à fleurs et chauve-souris, encadré de satin vert.

441 — Bandeau en satin havane, brodé d'entrelacs fleuris et de groupes d'oiseaux.

442 — Petit bandeau brodé, en crêpe de Chine, avec applications de broderie, à figures d'enfants, fleurs et chauve-souris.

443 — Petit carré en satin vieux rouge, brodé à personnages et fleurs.

444 — Petit bandeau en satin rose, brodé au cordonnet à gerbes et guirlandes de fleurs.

445 — Casaque en satin vieux rouge, brodé aux dragons.

446 — Jupe en satin vieux rouge, brodé à papillons et fleurs.

447 — Jupe en crêpe de Chine jaune, avec bandes de satin gros bleu brodé en camaïeu bleu à fleurs.

448 — Petite casaque en crèpe de Chine jaune, brodée de soie à chauve-souris et fleurs.

449 — Petite casaque en soie havane, brodée au dragon impérial.

450 — Jupe en satin rouge, brodée à fleurs, papillons et chauve-souris.

451 — Petite casaque en satin vieux rose, brodée à fleurs et chauve-souris.

452 — Casaque en satin rouge, brodée à fleurs et chauve-souris.

453 — Petit panneau rectangulaire, fond clair, brodé à personnages.

454 — Plusieurs séries de bandes de satin et crêpe de Chine, brodées de nuances diverses. (Sera divisé.)

455 — Deux petits drapeaux, fond jaune au dragon.

456 — Paravent, à quatre feuilles, fond soie gros bleu, brodé de soie à volatiles dans des paysages fleuris. Travail japonais.

457 — Paravent, à quatre feuilles en soie noire, brodé d'oiseaux et de branchages fleuris.

www.ingramcontent.com/pod-product-compliance
Ingram Content Group UK Ltd.
Pitfield, Milton Keynes, MK11 3LW, UK
UKHW021112290826
14628UKWH00014B/1861

9 782329 530680